BEI GRIN MACHT SICH IHR WISSEN BEZAHLT

AF137180

- Wir veröffentlichen Ihre Hausarbeit, Bachelor- und Masterarbeit

- Ihr eigenes eBook und Buch - weltweit in allen wichtigen Shops

- Verdienen Sie an jedem Verkauf

Jetzt bei www.GRIN.com hochladen und kostenlos publizieren

GRIN

Eliane Rittlicher

Ein Vergleich von Thomas Manns Figuren Tonio Kröger und Hanno Buddenbrook

Tonio Kröger - ein wieder ins Leben gerufener Hanno Buddenbrook?

GRIN Verlag

Bibliografische Information der Deutschen Nationalbibliothek:

Die Deutsche Bibliothek verzeichnet diese Publikation in der Deutschen National-
bibliografie; detaillierte bibliografische Daten sind im Internet über http://dnb.d-
nb.de/ abrufbar.

Impressum:

Copyright © 2014 GRIN Verlag GmbH
Druck und Bindung: Books on Demand GmbH, Norderstedt Germany
ISBN: 978-3-656-83125-9

Dieses Buch bei GRIN:

http://www.grin.com/de/e-book/283806/ein-vergleich-von-thomas-manns-figuren-
tonio-kroeger-und-hanno-buddenbrook

GRIN - Your knowledge has value

Der GRIN Verlag publiziert seit 1998 wissenschaftliche Arbeiten von Studenten, Hochschullehrern und anderen Akademikern als eBook und gedrucktes Buch. Die Verlagswebsite www.grin.com ist die ideale Plattform zur Veröffentlichung von Hausarbeiten, Abschlussarbeiten, wissenschaftlichen Aufsätzen, Dissertationen und Fachbüchern.

Besuchen Sie uns im Internet:

http://www.grin.com/

http://www.facebook.com/grincom

http://www.twitter.com/grin_com

Tonio Kröger -
ein wieder ins Leben gerufener
Hanno Buddenbrook?

Vergleich von Thomas Manns Figuren

Tonio Kröger und **Hanno Buddenbrook**

Inhaltsverzeichnis

Einführung 3

1. Der Verfall einer bürgerlichen Familie als verbindendes
Element zwischen Hanno Buddenbrook und Tonio Kröger 6

2. Die Elternkonstellation – das Motiv des doppelten Erbes 10

   2.1 Tonio Krögers Eltern 10

      2.1.1 Tonio Krögers Vater 10

      2.1.2 Tonio Krögers Mutter 13

   2.2 Hanno Buddenbrooks Eltern 14

      2.2.1 Thomas Buddenbrook 14

      2.2.2 Gerda Buddenbrook, geb. Arnoldsen 18

3. Die Bedeutung der Namen „Tonio Kröger" und „Johann" 21

   3.1 „Tonio Kröger" 21

   3.2 „Johann" 22

4. Äußere Ähnlichkeiten 23

   4.1 Vergleich zwischen Tonio und Hanno 23

   4.2 Tonio und Hanno in Abgrenzung zu Hans Hansen bzw. zu
   Hannos Mitschülern 24

5. Tonios und Hannos Stellung in ihrem sozialen Umfeld 25

   5.1 Tonio 25

   5.2 Hanno 28

6. Weitere Parallelen zwischen Tonio Kröger und Hanno
Buddenbrook 31

   6.1 Die Liebe zum Meer 31

6.1.1 Die Bedeutung des Meeres für Tonio Kröger 31

6.1.2 Die Bedeutung des Meeres für Hanno Buddenbrook –

Ferien in Travemünde.......................33

6.2 Die Schule 34

6.2.1 Die Stellung der Schule in Tonios Leben 34

6.2.2 Die Bedeutung der Schule für Hanno 35

7. Die Bedeutung des Künstlertums bzw. der Kunst für Tonio und

Hanno....................37

7.1 Tonio Kröger – etwas „Ironisch-Mittleres zwischen

Bürgerlichkeit und Künstlertum"........................37

7.2 Die Musik – für Hanno eine Flucht aus dem Leben 41

Fazit....................46

Einführung

Im literarischen Werk Thomas Manns ist die Wiederkehr einzelner Gestalten in Romanen und Novellen sehr auffällig. Die figuralen Ähnlichkeiten scheinen besonders häufig in seinem Frühwerk aufzutreten. So spricht Helmut Koopmann sogar von einer „werkimmanenten Unsterblichkeit", welche einzelne Figuren in leicht abgewandelter Form in mehreren Romanen oder Novellen auftreten lässt.[1] Solche Verwandtschaften lassen sich in auffälliger Weise an den Äußerlichkeiten der betreffenden Gestalten erkennen. Aber auch Thomas Manns Vorliebe für einen bestimmten Typus wird deutlich. So stehen im Mittelpunkt des Geschehens nicht etwa die „Problemlosen, die strahlenden Helden des Lebens", sondern die „Bedrohten, Gefährdeten, Krankheit und frühem Untergang Verfallenen".[2]

Thomas Manns 1901 erschienener Roman *Buddenbrooks – Verfall einer Familie* war ursprünglich als „die Geschichte des sensitiven Spätlings Hanno" gedacht.[3] In dem Antihelden Hanno konzentrieren sich Thomas Manns eigene (zumeist unangenehme) Jugenderfahrungen und Befürchtungen. Indem er sie in der Gestalt

---

[1] Vgl. Helmut Koopmann: Hanno Buddenbrook, Tonio Kröger und Tadzio: Anfang und Begründung des Mythos im Werk Thomas Manns. In: Thomas Mann: Erzählungen und Novellen. Hrsg. von Rudolf Wolff, S. 86 – 99. Bouvier Verlag Herbert Grundmann, Bonn 1984. (Im Folgenden zitiert als „Helmut Koopmann" mit Angabe der Seitenzahl.) S. 86.
[2] Ebd. S. 87.
[3] Wenchao Li: Das Motiv der Kindheit und die Gestalt des Kindes in der deutschen Literatur der Jahrhundertwende. Berlin, 1989. S. 36. Der Autor zitiert hier eine Rede Thomas Manns, die er 1929 im Lübecker Stadttheater gehalten hat.

des kleinen Hanno personifizierte, konnte er sich von ihnen befreien.[4] Das Thema ist für Thomas Mann jedoch noch nicht erledigt, was die 1903 erschienene „Prosa-Ballade"[5] *Tonio Kröger* zeigt. In seinen *Betrachtungen eines Unpolitischen* bezeichnete Thomas Mann die Novelle *Tonio Kröger* als sein „Eigentliches".[6] Dies macht eine Beschäftigung mit dem „Helden der Schwäche" Tonio Kröger aus meiner Sicht sehr interessant.

Die vorliegende Ausarbeitung hat eine vergleichende Gegenüberstellung von Tonio Kröger und Hanno Buddenbrook zum Inhalt. Die Gemeinsamkeiten und Unterschiede der beiden frühen Helden Tonio und Hanno sollen in dieser Ausarbeitung aufgezeigt werden. Dabei soll deutlich gemacht werden, dass Tonio Kröger als ein „wieder in Leben gerufener Hanno Buddenbrook"[7] gesehen werden kann, der von Thomas Mann mit einer Lebensgebundenheit ausgestattet worden ist, die ihn letztendlich vor dem Tode bewahrt.

Anhand verschiedener Aspekte sollen die figuralen Ähnlichkeiten deutlich gemacht werden. Indem sich immer – die Ausnahme bildet das erste Kapitel – zuerst mit Tonio Kröger auseinander gesetzt und diesem dann Hanno Buddenbrook gegenüber gestellt wird, soll

---

[4] Vgl. Helmut Koopmann. S.91.
[5] Vgl. Thomas Mann: Betrachtungen eines Unpolitischen. In: Dichter über ihre Dichtungen. Hrsg. von Rudolf Hirsch und Werner Vordtriede. Band 14/I: Thomas Mann Teil I: 1889 – 1917. Hrsg. von Hans Wysling unter Mitwirkung von Marianne Fischer. Heimeran / S. Fischer Verlag, Passau, 1975. S. 145.
[6] Vgl. ebd.
[7] Vgl. Cecil Arthur Noble: Krankheit, Verbrechen und künstlerisches Schaffen bei Thomas Mann. Verlag Herbert Lang & Cie AG, Bern, 1970. S. 107.

gezeigt werden, dass es durchaus nicht wenige Parallelen zwischen Tonio und Hanno gibt.

Das erste Kapitel beschäftigt sich mit dem Motiv des Verfalls einer bürgerlichen Familie als verbindendes Element von Tonio Kröger und Hanno Buddenbrook.

Das Motiv des doppelten Erbes taucht sowohl im *Tonio Kröger* als auch in den *Buddenbrooks* auf. Tonios Mutter kontrastiert seinen Vater; auch Gerda Buddenbrook bildet einen Gegenpol zu ihrem Mann Thomas. Um dies deutlich zu machen, setzt sich das zweite Kapitel zuerst mit Tonios Elternkonstellation auseinander, um dann die Unterschiede und Gemeinsamkeiten zu Thomas und Gerda Buddenbrook heraus zu arbeiten.

Im dritten Kapitel soll kurz auf die Bedeutung der Namen „Tonio Kröger" und „Johann" (Buddenbrook) eingegangen werden.

Die äußeren Ähnlichkeiten, die zwischen Hanno und dem 14-jährigen Tonio bestehen, werden im vierten Kapitel erörtert. Durch diese heben sich Tonio von seinem Freund Hans Hansen bzw. Hanno von seinen Schulkameraden schon rein äußerlich ab, was in diesem Kapitel deutlich gemacht soll.

Sowohl Hanno Buddenbrook als auch der 14-jährige Tonio Kröger nehmen in ihrem sozialen Umfeld die Stellung eines Sonderlings ein. Diesem Sachverhalt soll im fünften Kapitel auf den Grund gegangen werden.

Im sechsten Kapitel werden weitere Parallelen zwischen Tonio Kröger und Hanno Buddenbrook, nämlich ihre Liebe zum Meer und ihre Haltung gegenüber der Schule und den Lehrern, aufgezeigt.

Der Kunst bzw. dem Künstlertum messen Tonio Kröger und Hanno Buddenbrook eine völlig unterschiedliche Bedeutung bei. Während Tonio Kröger am Ende der Novelle durchaus zu einem positiven Verhältnis zu seinem Künstlertum gelangt, das für ihn im Gegensatz zum gewöhnlichen, so sehr geliebten Leben steht, bringt es Hanno Buddenbrook nicht zum echten Künstler. Statt der Lebensgebundenheit Tonio Krögers finden wir bei ihm nur Todessehnsucht. Dies soll im siebten Kapitel erörtert werden.

1. Der Verfall einer bürgerlichen Familie als verbindendes Element zwischen Hanno Buddenbrook und Tonio Kröger

Die Buddenbrooks ist die Verfallsgeschichte einer bürgerlichen Patrizierfamilie, deren letztes Glied – sieht man von der weiblichen Nebenlinie Tony, Erika, Elisabeth einmal ab – Hanno Buddenbrook ist.

Hanno ist der Sohn des Konsuls Thomas Buddenbrook und dessen Frau Gerda Buddenbrook, geb. Arnoldsen. Man hat lange vergeblich auf diesen männlichen Nachkommen gewartet. Da Hanno der einzige Sohn des Konsuls und somit Stammhalter ist und Gerdas Konstitution weitere Kinder unwahrscheinlich macht, erwartet die Familie Buddenbrook, dass er die vor vier Generationen gegründete Firma übernehmen und so seiner Familie weiterhin zu Ruhm und Ansehen verhelfen wird. „nun ist er da [...] er, auf dem längst so viele Hoffnungen ruhen, von dem längst so viel gesprochen, der seit langen Jahren erwartet, ersehnt worden, den man von Gott erbeten und um den man Doktor Grabow gequält hat...“[8]

Der achtjährige Hanno weiß jedoch, zumindest unterbewusst, dass er den Ansprüchen seiner Familie nicht gerecht werden kann: Als er die Mappe mit den Familienpapieren, die seinem Vater sehr wichtig sind, findet, liest er am Ende des Stammbaums der Buddenbrooks seinen eigenen Namen und zieht unter diesem einen Strich, so, wie er ihn in der Schule unter eine abgeschlossene Rechenaufgabe setzen muss.[9] Als der kleine Johann von seinem zornigen Vater gefragt wird, wie er zu solchem Unfug komme, stammelt er: „Ich glaubte... ich glaubte... es käme nichts mehr...“[10]

Im Gegensatz zu seinen Vorfahren nimmt Hanno die ihm von seiner Familie gestellte Aufgabe, Kaufmann und dann Firmenchef zu werden, nicht mehr als gegeben hin. Er wendet sich von ihr ab, hat aber nicht die Kraft dazu, etwas Neues, Eigenes an ihre Stelle zu setzen.[11]

---

[8] Thomas Mann: Die Buddenbrooks. S. Fischer Verlag, Frankfurt am Main, 1997. (Im Folgenden zitiert als „Buddenbrooks“ mit Angabe der Seitenzahl.) S. 396.
[9] Vgl. ebd. S. 523.
[10] Ebd. S. 524.
[11] Vgl. Ernst Keller: Die Figuren und ihre Stellung im Verfall. In: Buddenbrooks – Handbuch. Hrsg. von Ken Moulden und Gero von Wilpert. Körner Verlag, Stuttgart, 1988. (Im Folgenden zitiert als „Buddenbrooks – Handbuch“ mit Angabe der Seitenzahl.) S. 187.

Thomas Buddenbrook lässt nichts unversucht, um aus seinem Sohn seinen zukünftigen Nachfolger zu machen. Doch muss er letztendlich einsehen, dass Hanno nicht gewillt und vor allem nicht in der Lage ist, diese Rolle zu übernehmen. Thomas erkennt, dass sein Sohn noch ängstlicher und schwächer ist, als er selbst[12] und legt in seinem Testament die Liquidation der Firma Buddenbrook fest.

Schließlich stirbt der 17-jährige Hanno an Typhus. Sein Tod wird von Wenchao Li als verkappter Selbstmord, als eine „freiwillige, selbstgewählte Absage an das Leben" bezeichnet.[13]

Der Grund für den Verfall der Familie Buddenbrook ist die von Generation zu Generation zunehmende Reflexivität.[14] Der Prozess der Entbürgerlichung und des biologischen Verfalls und die gleichzeitige Zunahme der Verfeinerung und Vergeistigung haben in Hanno ihren Höhepunkt erreicht.[15]

Während der Gegensatz zwischen Geist und Leben in *den Buddenbrooks* nur angedeutet ist, wird er zum Hauptmotiv der 1903 in der *Neuen Deutschen Rundschau* erschienenen Novelle *Tonio Kröger*.[16] Die Novelle fängt also dort an, wo d*ie Buddenbrooks* aufhören: Sie zeigt, was nach dem Verall geschieht.

---

[12] Vgl. Buddenbrooks. S.657.

[13] Vgl. Wenchao Li: Das Motiv der Kindheit und die Gestalt des Kindes in der deutschen Literatur der Jahrhundertwende. Inauguraldissertation vorgelegt von Wenchao Li an der Freien Universität Berlin, 1989. (Im Folgenden zitiert als „Wenchao Li" mit Angabe der Seitenzahl.) S. 46.

[14] Vgl. Hermann Kurzke: Thomas Mann: Epoche – Werk – Wirkung. 2. Auflage, Beck – Verlag, München, 1991. (Im Folgenden zitiert als „Hermann Kurzke" mit Angabe der Seitenzahl.) S. 70.

[15] Vgl. Cecil Arthur Noble: „Krankheit, Verbrechen und künstlerisches Schaffen bei Thomas Mann". Verlag Herbert Lang & Cie AG, Bern, 1970. (Im Folgenden zitiert als „Cecil Arthur Noble" mit Angabe der Seitenzahl.) S. 88.

[16] Vgl. Thomas Mann: On myself. In: Dichter über ihre Dichtungen, hrsg. von Rudolf Hirsch und Werner Vordtriede. Band 14/I: Thomas Mann Teil I: 1889 – 1917. Hrsg. von Hans Wysling

Im *Tonio Kröger* wird die Auflösung einer bürgerlichen Familie, der in *den Buddenbrooks* fast 1000 Seiten gewidmet sind, als ausschlaggebend für künstlerisches Schaffen angesehen.[17] In einem Satz wird diese Auflösung dem Leser ins Gedächtnis gerufen und so als Vorbedingung für das Künstlertum gekennzeichnet: „Die alte Familie der Kröger war nach und nach in einen Zustand des Abbröckelns und der Zersetzung geraten..."[18] Auch Tonio Kröger selbst scheint seinen Teil zu diesem Zustand beigetragen zu haben: „[...] die Leute hatten Grund, Tonio Krögers eigenes Sein und Wesen ebenfalls zu den Merkmalen dieses Zustandes zu rechnen."[19] Hier ist eine erste Gemeinsamkeit zwischen Hanno Buddenbrook und Tonio Kröger zu erkennen. Dass nämlich der „kleine Verfallsprinz"[20] Hanno nicht unwesentlich am Niedergang seiner Familie beteiligt ist, liegt wohl auf der Hand. Sowohl Hanno als auch Tonio können also als „entartete Sprößling[e] einer sich auflösenden Familie" verstanden werden.[21]

Nachdem Tonios Vater gestorben ist, steht nun das „große Krögersche Haus"[22] zum Verkauf, was den Leser wiederum an *die Buddenbrooks* erinnert. Der Verkauf ihres Hauses in der Mengstraße kann ebenfalls als Zeichen des Niedergangs der Familie

unter Mitwirkung von Marianne Fischer. Heimeran / S. Fischer Verlag, Passau, 1975. (Im Folgenden zitiert als „Thomas Mann: On myself" mit Angabe der Seitenzahl.) S. 164.
[17] Vgl. ebd.
[18] Thomas Mann: Tonio Kröger, Mario und der Zauberer. 36. Auflage, S. Fischer Verlag, Frankfurt am Main, 2000. (Im Folgenden zitiert als „Tonio Kröger" mit Angabe der Seitenzahl.) S.25.
[19] Ebd. S. 25.
[20] Buddenbrooks – Handbuch. S. 186.
[21] Cecil Arthur Noble. S. 108.
[22] Tonio Kröger. S. 25.

Buddenbrook gewertet werden. Sie hatte dieses Haus 1835 von der „ehemals glänzenden Familie" [23] Ratenkamp erworben. Die Ratenkamps mussten damals für die Buddenbrooks Platz machen, genauso, wie diese nun durch die Hagenströms abgelöst werden, an die das Haus nun verkauft wird.

Eine weitere Parallele bildet die Auflösung der Firma, welche als ein wesentliches Merkmal des Verfalls der bürgerlichen Familie gewertet werden kann. Nach Thomas` Tod soll die Firma liquidiert werden. Im *Tonio Kröger* wird der Auflösung der Firma nur ein halber Satz gewidmet: "...und die Firma ward ausgelöscht."[24] Es stand also nie zur Diskussion, dass Tonio Kröger die Firma übernehmen könnte.

2. Die Elternkonstellation – das Motiv des doppelten Erbes

2.1 Tonio Krögers Eltern

2.1.1 Tonio Krögers Vater

Über Tonios Eltern erfährt der Leser nicht sehr viel. Sein Vater bekleidet als großer Kaufmann öffentliche Ämter und ist „mächtig"[25] in seiner Heimatstadt. Er ist Konsul, handelt mit Getreide und bewohnt mit seiner Familie ein „großes altes Haus",

---

[23] Buddenbrooks. S. 22.
[24] Tonio Kröger. S. 25.
[25] Ebd. S.8.

„das herrschaftlichste der ganzen Stadt"[26]. Als Tonio mit seinem Freund Hans die Straße entlang geht, muss er ständig grüßen oder wird sogar von manchen Leuten zuerst gegrüßt. Hieraus kann der Leser schließen, dass die Familie Kröger ein gewisses Ansehen in der Stadt genießt. Die Tatsache, dass Tonio „gut und warm"[27] gekleidet ist, lässt vermuten, dass die Familie Kröger wohlhabend ist.

Tonios Vater wird dem Leser beschrieben als ein „langer, sorgfältig gekleideter Herr mit sinnenden blauen Augen, der immer eine Feldblume im Knopfloch [trägt]."[28] Die Feldblume im Knopfloch des Konsuls Kröger ist als Symbol für den Geist zu sehen. Dieser ist – als Merkmal des inneren Verfalls der Familie Kröger – längst gegenwärtig und wurde nicht erst durch die Ehe des Konsuls mit einer „von ganz unten auf der Landkarte"[29] kommenden Frau in die Familie getragen. Der Prozess der Entbürgerlichung hatte also bereits eingesetzt.[30]

Wenn Tonio aus der Schule schlechte Noten mit nach Hause bringt, ist es der Vater, der sich darüber ärgert und sich besorgt zeigt.[31] Den Zorn seines Vaters respektiert Tonio, und er empfindet ihn sogar als gerechtfertigt. Obwohl sich Tonio darüber bewusst ist, dass er sich in seinem Wesen weder ändern kann noch will, hält er es für richtig, von seinem Vater für seine Wesensart zurechtgewiesen zu werden.

---

[26] Ebd.
[27] Ebd.
[28] Ebd. S. 10.
[29] Ebd. S.11.
[30] Vgl. Cecil Arthur Noble. S. 108.

Es ist gerade genug, daß ich bin, wie ich bin, und mich nicht ändern will und kann, fahrlässig, widerspenstig und auf Dinge bedacht, an die sonst niemand denkt. Wenigstens gehört es sich, daß man mich ernstlich schilt und straft dafür..."[32]

In Tonio ist noch etwas von dem Familienbewusstsein vorhanden, das sein Vater als Konsul Kröger repräsentiert, auch wenn er in seinem Leben wenig von der Tradition seiner Familie verwirklicht.

„Wir sind doch keine Zigeuner im grünen Wagen, sondern anständige Leute, Konsul Krögers, die Familie der Kröger..."[33]

Nach dem Tod des Konsuls Kröger ist dieser in Tonios schlechtem bürgerlichen Gewissen präsent.[34] Tonio ruft sich die Missbilligung seines Lebens als Künstler durch seinen Vater immer wieder ins Bewusstsein und empfindet sie durchaus als gerechtfertigt.[35] Er ist also noch Bürger genug, um seine Existenz als Künstler in Frage zu stellen. So sieht er im Künstlertum etwas „tief Zweideutiges, tief Anrüchiges, tief Zweifelhaftes".[36]

---

[31] Vgl. Tonio Kröger. S. 10.
[32] Ebd. S. 11.
[33] Ebd.
[34] Vgl. Karl Werner Böhm: Zwischen Selbstzucht und Verlangen: Thomas Mann und das Stigma der Homosexualität; Untersuchungen zu Frühwerk und Jugend. Königshausen & Neumann, Würzburg, 1991. (Im Folgenden zitiert als „Karl Werner Böhm" mit Angabe der Seitenzahl.) S. 150.
[35] Vgl. Tonio Kröger. z.B. S. 44 und S. 47.
[36] Cecil Arthur Noble. S. 110.

2.1.2 Tonio Krögers Mutter

Die „dunkle und feurige Mutter"[37] Tonios wird uns als Gegenpol zu seinem bürgerlichen Vater vorgestellt. Bereits ihr Vorname Consuelo macht deutlich, dass sie „von ganz unten auf der Landkarte"[38] kommt. Wir erfahren, dass sie schön und schwarzhaarig und „überhaupt so anders als die übrigen Damen der Stadt"[39] ist.

Im Gegensatz zu Tonios Vater macht sie sich nichts aus Tonios schlechten Noten oder seiner zweifelhaften Stellung in seinem sozialen Umfeld.[40]

Tonios Mutter ist sehr musikalisch; sie spielt Klavier und Mandoline. Das Klavierspiel seiner Mutter wird von Tonio als wunderbar empfunden[41] und weist darauf hin, dass Tonios Künstlertum „mütterliches Erbe"[42] ist. Auch Tonio spielt ein Instrument, nämlich Geige. Obwohl Tonio weitaus mehr Wesensmerkmale der Mutter in sich trägt, empfindet er doch ihre „heitere Gleichgültigkeit" als „ein wenig liederlich".[43]

Bezeichnend für das Wesen von Tonio Krögers Mutter ist auch die Tatsache, dass sie, nachdem ihr Mann gestorben ist, noch einmal heiratet, und zwar einen Musiker, mit dem sie dann fort geht. Tonio empfindet dieses Verhalten zwar wiederum als „ein wenig

---

[37] Ebd. S. 11.
[38] Ebd.
[39] Ebd. S. 10.
[40] Vgl. ebd. S. 11.
[41] Vgl. ebd.
[42] Karl Werner Böhm. S. 150.
[43] Tonio Kröger. S. 11.

liederlich", sieht sich jedoch nicht in der Position, sie dafür anzuklagen, da er diesem Lebensentwurf der Mutter keinen ordentlicheren bzw. bürgerlicheren entgegenzusetzen hat.[44]

2.2 Hanno Buddenbrooks Eltern

2.2.1 Thomas Buddenbrook

Über Thomas Buddenbrook, den Repräsentanten der dritten Generation der Buddenbrooks, erfahren wir – im Gegensatz zu Tonios Vater – außerordentlich viel. Thomas begegnet dem Leser zum ersten mal als Kind. Seine geistige und psychologische Entwicklung wird, ebenso wie sein Werdegang als Geschäftsmann und Bürger seiner Stadt, sehr ausführlich geschildert. Der Übersichtlichkeit halber erfolgt an dieser Stelle eine Beschränkung auf die Darstellung Thomas` bzw. auf jene Tatsachen und Wesensmerkmale, die er mit Konsul Kröger gemeinsam zu haben scheint.

Wie Tonio Krögers Vater ist auch Thomas Buddenbrook ein Kaufmann und handelt mit Getreide. Dass er diesen Beruf ergreifen und somit die Firma seines Vaters übernehmen würde, steht bereits fest, als er noch ein Kind ist. So wird über den jungen Thomas gesagt: „er muß Kaufmann werden, darüber besteht kein Zweifel."[45] Die Firma Buddenbrook kann sich sogar über die Stadtgrenzen hinaus eines gewissen Ansehens erfreuen. „Der Name der Firma

---

[44] Vgl. ebd. S.25.
[45] Buddenbrooks. S. 15.

gewann nicht nur in der Stadt, sondern auch draußen an Klang, und innerhalb des Gemeinwesens wuchs noch immer sein Ansehen."[46]

Die Buddenbrooks sind wie die Krögers eine wohlhabende Familie. Hierfür spricht zum Beispiel das Hauspersonal, das Kindermädchen und das silberne Besteck.

Auch Thomas Buddenbrook ist ein geschätzter Mann in seiner Heimatstadt. Wie Tonio Krögers Vater wird er zum Konsul gewählt, später zum Senator. Zu den Eigenschaften, die Thomas zu Erfolg verhelfen, zählen sein sicheres und gewandtes Auftreten, seine Liebenswürdigkeit und sein Takt.[47]

Wie Konsul Kröger ist auch Thomas Buddenbrook um sein Äußeres bemüht. Er legt großen Wert darauf, frisch und korrekt gekleidet zu sein, und wechselt zu diesem Zweck sogar mehrmals am Tag die Wäsche. Das gepflegte Erscheinungsbild der beiden Vaterfiguren entpuppt sich jedoch nur als eine scheinbare Gemeinsamkeit. Die Eitelkeit Thomas Buddenbrooks ist Ausdruck seines Bedürfnisses, den eigenen Verfall zu bekämpfen.

Wenn das Merkwürdige zu beobachten war, daß gleichzeitig seine 'Eitelkeit', das heißt dieses Bedürfnis, sich körperlich zu erquicken, zu erneuern, mehrere Male am Tag die Kleidung zu wechseln, sich wieder herzustellen und morgenfrisch zu machen, in auffälliger Weise zunahm, so

---

[46] Ebd. S. 419.
[47] Vgl. Fred Müller: Thomas Mann, Buddenbrooks: Interpretationen. R. Oldenbourg Verlag, München, 1979. (Im Folgenden zitiert als „Fred Müller" mit Angabe der Seitenzahl.) S. 31.

bedeutete das [...] ganz einfach ein Nachlassen seiner Spannkraft, eine
raschere Abnützbarkeit.[48]

Eine ähnliche Situation kann bei Konsul Kröger nicht nachgewiesen
werden.

Die zunehmende Vergeistigung und Verfeinerung hingegen, die in
den Buddenbrooks mit dem Verfall einher geht, ist sowohl bei Konsul
Kröger als auch bei Thomas Buddenbrook angedeutet bzw.
unübersehbar. Im *Tonio Kröger* wird sie, wie bereits erläutert, mit
der Feldblume im Knopfloch umschrieben. Thomas interessiert sich
für modernere Schriftsteller „satirischen und polemischen
Charakters", was sehr ungewöhnlich ist für einen Kaufmann und
Bürger seiner Zeit.[49] Seine eigene Zwiespältigkeit und sein Hin-und-
her-gerissen-sein zwischen zwei Welten wird in erlebter Rede
wiedergegeben: „War Thomas Buddenbrook ein Geschäftsmann, ein
Mann der unbefangenen Tat oder ein skrupulöser Nachdenker?"[50]
„War er ein praktischer Mensch oder ein zärtlicher Träumer?"[51]
Thomas gelangt zu der Erkenntnis, dass er den Erfolg, welchen er
ehemals zu verzeichnen hatte, letztendlich seiner Reflexion zu
verdanken hat.[52] Mit achtundvierzig Jahren verhält sich Thomas im
Umgang mit anderen Menschen wie ein schlechter Schauspieler und
ist am Ende seiner Kräfte. [53] Es ist ihm nur noch schwer möglich,
den Balanceakt zwischen seiner Sensibilität und seinem Dasein als

---

[48] Buddenbrooks. S. 418 und 419.
[49] Vgl. Fred Müller. S. 31.
[50] Buddenbrooks. S. 469.
[51] Ebd. S. 470.
[52] Ebd.

Geschäftsmann aufrecht zu erhalten. Der Prozess der geistigen Verfeinerung hat also auch hier wie im *Tonio Kröger* längst begonnen, bzw. ist schon weit fortgeschritten und wird nicht erst durch die Ehe mit Gerda ausgelöst.

Auch für Hannos Vater sind gute schulische Leistungen wichtig. „´...Und Klavier gespielt? [...] Aber nicht zu viel, sonst haben wir keine Lust mehr zum Übrigen und bleiben Ostern sitzen!´"[54]

Thomas Buddenbrook verkörpert für seinen Sohn Hanno die Ansprüche der Familie.[55] Er hofft, seinen Sohn nach dem Bildes seines Urgroßvaters formen zu können, und möchte aus ihm „einen echten Buddenbrook, einen starken und praktisch gesinnten Mann mit kräftigen Trieben nach Außen, nach Macht und Eroberung machen"[56]. Dieses Vorhaben muss scheitern, da in Hanno selbst die Möglichkeit, Bürgerlichkeit zu spielen, verloren gegangen ist.[57] Während Tonio, wie in 2.1.1 erläutert, die Kritik seines Vater durchaus versteht, ja sogar für gerechtfertigt hält, empfindet Hanno die Anforderungen, die sein Vater an ihn stellt, als unmenschlich.[58] Nur einmal kommt es in der Beziehung zwischen Vater und Sohn, die sonst von Fremdheit und Kälte bestimmt ist, zu einer echten Annäherung: Als Gerda mit Leutnant von Throta Ehebruch begeht,

---

[53] Vgl. ebd. S.32.
[54] Buddenbrooks. S. 510.
[55] Vgl. Buddenbrooks - Handbuch. S. 187.
[56] Buddenbrooks. S. 508.
[57] Vgl. Hermann Kurzke. S. 73.
[58] Vgl. Michael Zeller: Väter und Söhne bei Thomas Mann: Der Generationsschritt als geschichtlicher Prozeß. Bouvier Verlag Herbert Grundmann, Bonn, 1974. (Im Folgenden zitiert als „Michael Zeller" mit Angabe der Seitenzahl.) S. 158.

offenbart sich Thomas seinem Sohn Hanno als Leidender und gewinnt so seine Zuneigung.

Das Eine aber war sicher, und sie fühlten es Beide, daß in diesen Sekunden, während ihre Blicke ineinander ruhten, jede Fremdheit und Kälte, jeder Zwang und jedes Mißverständnis zwischen ihnen dahinsank, daß Thomas Buddenbrook, wie hier, so überall, wo es sich nicht um Energie, Tüchtigkeit und helläugige Frische, sondern um Furcht und Leiden handelte, des Vertrauens und der Hingabe seines Sohnes gewiß sein konnte.[59]

2.2.2 Gerda Buddenbrook, geb. Arnoldsen

Schenkt man dem Autor Glauben, so verbindet Gerda Buddenbrook mit Tonio Krögers Mutter lediglich die „Musik und das Weither – Sein".[60]

Gerda Buddenbrook spielt in fast 1000 Seiten schweren Roman zum ersten Mal eine Rolle, als sie zusammen mit Tony Buddenbrook bei Sesemi Weichbrodt in Pension ist. Dort wird sie dem Leser vorgestellt als eine „elegante und fremdartige Erscheinung mit schwerem, dunkelrotem Haar, nahe beieinander liegenden braunen Augen und einem weißen, schönen, ein wenig hochmütigen Gesicht"[61].

---

[59] Buddenbrooks. S. 650.
[60] Thomas Mann: Betrachtungen eines Unpolitischen. In: Dichter über ihre Dichtungen. Hrsg. von Rudolf Hirsch und Werner Vordtriede. Band 14/I: Thomas Mann Teil I: 1889 – 1917. Hrsg. von Hans Wysling unter Mitwirkung von Marianne Fischer. Heimeran / S. Fischer Verlag, Passau, 1975. (Im Folgenden zitiert als „Thomas Mann: Betrachtungen eines Unpolitschen" mit Angabe der Seitenzahl.) S. 160.
[61] Buddenbrooks. S. 86.

Gerda Buddenbrook stammt wie Tonios Mutter nicht aus Lübeck sondern kommt aus Amsterdam. Auch sie scheint sich von den anderen Frauen der Stadt zu unterscheiden, denn sie hat „etwas Fremdes und Ausländisches"[62] an sich. Man nimmt in Lübeck sogar Anstoß an ihrer Erscheinung; sie scheint nicht integriert in die bürgerliche Gesellschaft zu sein. „Aber unter den soliden, biederen und ehrenfesten Bürgern waren viele, die den Kopf schüttelten... ´Sonderbar... diese Toiletten, dieses Haar, diese Haltung, dieses Gesicht... ein bißchen reichlich sonderbar.´"[63] „Und unter den Damen befanden sich manche, die Gerda Arnoldsen einfach ´albern´ fanden, wobei daran zu erinnern ist, daß ´albern´ einen sehr harten Ausdruck der Verurteilung bedeutete."[64]

Besonders auffällig ist die Beschreibung von Gerdas Augen: „In den Winkeln ihrer etwas zu kleinen und etwas zu nahe bei einander liegenden braunen Augen lagerten immer noch die bläulichen Schatten..."[65] Diese Schatten um die Augen sind eine Art Kennzeichen ihrer künstlerischen Ausrichtung[66] Sie finden sich bei ihrem Sohn Hanno wieder. Hier wird dieses von der Mutter geerbte Merkmal jedoch negativ beurteilt: „Das gibt diesem Gesichtchen, das noch kaum eines ist, etwas vorzeitig Charakteristisches und kleidet ein vier Wochen Altes nicht zum Besten;"[67]

---

[62] Ebd. S. 87.
[63] Ebd. S. 293 und 294.
[64] Ebd. S. 294.
[65] Ebd. S. 644.
[66] Vgl. Fred Müller. S. 43.
[67] Buddenbrooks. S.396.

Außerdem auffällig sind Gerda Buddenbrooks breite, weiße Zähne, die als Zeichen ihrer Vitalität gedeutet werden können. Diese sehr gesunden Zähne vererbt sie nicht an ihren Sohn Hanno, ebensowenig wie ihre Vitalität. Hanno hat zeit seines Lebens Probleme mit seinen Zähnen.

Mit Tonio Krögers Mutter hat Gerda Buddenbrook, wie bereits erwähnt, im Besonderen die Liebe zur Musik gemeinsam. Gerda spielt mit großer Leidenschaft Geige. Hier ist ihre Vorliebe für Wagner zu erwähnen[68], die sie auf Hanno überträgt. Auch bei Tonio Kröger finden wir die Bewunderung für diesen Komponisten. Im Gespräch mit Lisaweta Iwanowna bezeichnet er Wagner als den „typischsten und darum mächtigsten Künstler[ ]"[69].

Hanno ist ein begeisterter Zuhörer, wenn seine Mutter mit Leutnant von Throta musiziert. Seine Hingabe an die Musik ist – wie bei Tonio Kröger die künstlerische Begabung – mütterliches Erbe.[70]

Anderer Meinung ist Wenchao Li. Glaubt man ihm, so ist Hannos Musikleidenschaft weniger Ausdruck einer Begabung, sondern die höchste Form der Erkenntnis und Sensibilität. Gerda Buddenbrook und Edmund Pfühl, Hannos Klavierlehrer, haben also lediglich dem zum Ausdruck verholfen, was in der Familie Buddenbrook bereits schlummerte. So erfülle Gerda hier wie im ganzen Roman nur eine „Katalysator-Funktion".[71]

---

[68] Vgl. ebd. S. 498.
[69] Tonio Kröger. S. 35.
[70] Vgl. Fred Müller. S. 45.
[71] Vgl. Wenchao Li. S. 49 und 50.

Auch Gerda Buddenbrook verlässt nach dem Tod ihres Mannes und ihres Sohnes die Stadt Lübeck und kehrt nach Amsterdam zurück,[72] so, wie Tonios Mutter nach dem Tod ihres Mannes wieder in den Süden geht.

3. Die Bedeutung der Namen „Tonio Kröger" und „Johann"

3.1 „Tonio Kröger"

Bereits der Name „Tonio Kröger" ist das „Symbol für jederlei Mischungsproblematik"[73], welche sich für Tonio aufgrund seines doppelten Erbes ergibt. In diesem Namen ist die exotische Welt des Künstlertums, für das die Mutter steht, mit der Welt renommierter Bürgerlichkeit, deren Repräsentant der Vater ist, vereint.[74] Tonios Vorname mutet seinen Schulkameraden, die selbst bürgerliche Namen (Hans und Erwin) tragen, fremd an. Er selbst erkennt seinen Vornamen als etwas Ausländisches und Besonderes an und überträgt die Besonderheit seines Vornamens sogleich auf die Besonderheit seines ganzen Wesens, durch welches er sich von den „Ordentlichen und Gewöhnlichen" ausgeschlossen sieht.[75] Als Tonio Kröger zum ersten Mal einen Erfolg zu verzeichnen hat, gewinnt er eine positivere Einstellung zu seinem Namen. Er wird

---

[72] Vgl. Buddenbrooks. S. 755.
[73] Thomas Mann, Betrachtungen eines Unpolitischen. S. 146.
[74] Vgl. Hermann Wiegmann: Die Erzählungen Thomas Manns: Interpretationen und Realien. Aisthesis Verlag, Bielefeld, 1992. (Im Folgenden zitiert als „Hermann Wiegmann" mit Angabe der Seitenzahl.) S. 107.

für ihn dann zu einem „aus Nord und Süd zusammengesetzte[n] Klang", einem „exotisch angehauchte[n] Bürgername[n]", einer „Formel, die Vortreffliches bezeichnet[]".[76]

3.2 „Johann"

Auch der kleine Hanno trägt seinen Namen nicht zufällig. In dem Namen „Johann Buddenbrook" ist jedoch nicht die Welt des Künstlertums mit der der Bürgerlichkeit vereint wie in Tonios Fall, sondern der Vorname „Johann" hat „programmatisches Gewicht"[77]. Hanno trägt den Namen seines Urgroßvaters Johann Buddenbrook. Nach dessen Bild hofft Thomas, seinen Sohn formen zu können. Er erträumt sich Hanno mit jenen Eigenschaften des Urgroßvaters ausgestattet, die Thomas an sich selbst vermisst. „Ein Bild schwebt [ihm] vor, nach dem er seinen Sohn zu modeln sich sehnte: das Bild von Hanno`s Urgroßvater – ein heller Kopf, jovial, einfach, humoristisch und stark".[78]

---

[75] Vgl. Tonio Kröger. S. 15.
[76] Ebd. S. 27.
[77] Michael Zeller. S. 146.
[78] Vgl. Michael Zeller. S. 146 und 147.

4. Äußere Ähnlichkeiten

4.1 Vergleich zwischen Tonio und Hanno

Die nahe Verwandtschaft von Tonio Kröger und Hanno Buddenbrook, die auch zu anderen Helden Thomas Manns besteht, lässt sich anhand von körperlichen Ähnlichkeiten feststellen.[79] Besonders auffällig sind hier die umschatteten Augen, die sich sowohl bei Tonio als auch bei Hanno finden. Auch der zaghafte Blick – bei Tonio wirkt er träumerisch bei Hanno ablehnend – ist ihnen gemeinsam.[80]

Tonios brünette Erscheinung mit dem „südlich scharf geschnittenen Gesicht"[81] und den dunklen Augen erinnern an seine dunkle, feurige Mutter. Hanno hat braunes Haar, das sich in weichen Locken um die Schläfen schmiegt, und goldbraune Augen mit langen, braunen Wimpern.[82] Die Blässe in Hannos Gesichts, von der im zehnten Kapitel die Rede ist, ist auf seinen nicht sehr guten Gesundheitszustand zurück zu führen.[83]

Während Tonio Krögers Mund und Kinn „ungewöhnlich weich gebildet"[84] sind, fällt bei Hanno Buddenbrook auf, dass „sein Mund sich [...] auf jene wehmütige Art geschlossen [hält]"[85]. Der ein wenig seitwärts geneigte Kopf Hannos bei seiner Taufe taucht bei Tonio wieder auf. Über den 14-jährigen Tonio wird gesagt: „Indem er

---

[79] Vgl. Helmut Koopmann. S. 87.
[80] Vgl. Buddenbrooks. S. 620. / Tonio Kröger. S. 8.
[81] Vgl. Tonio Kröger. S. 8.
[82] Vgl. Buddenbrooks. S. 620.
[83] Vgl. ebd. S. 621.
[84] Tonio Kröger. S. 8.

seine etwas schräg stehenden Brauen zusammenzog [...], blickte er seitwärts geneigten Kopfes ins Weite. Diese Haltung war ihm eigentümlich."[86]

Über Tonios Körperbau erfahren wir nichts, jedoch, dass er nachlässig und ungleichmäßig geht.[87] Hannos Arme und Beine sind „schmal und weich wie die eines Mädchens".[88]

4.2 Tonio und Hanno in Abgrenzung zu Hans Hansen bzw. zu Hannos Mitschülern

Besonders deutlich wird die Ähnlichkeit von Tonio und Hanno, wenn man die beiden in Abgrenzung zu Hans Hansen bzw. zu Hannos Klassenkameraden sieht.

Auffällig in der Beschreibung Hans Hansens sind vor allem seine „freiliegenden und scharf blickenden stahlblauen Augen"[89] und seine blonden Haare. Diese äußeren Merkmale kontrastieren mit den dunklen Augen bzw. der brünetten Erscheinung Tonio Krögers. Auch Hanno Buddenbrook fällt trotz seines Kopenhagener Matrosenanzugs unter den „hellblonden und stahlblauäugigen, skandinavischen Typen"[90] seinen Mitschülern auf. Seine dunklen Augen und Haare kontrastieren ebenso mit den Augen und Haaren seiner Klassenkameraden wie bei Tonio Krögers Augen und Haare

---

[85] Buddenbrooks. S. 620.
[86] Tonio Kröger. S. 8.
[87] Vgl. ebd.
[88] Buddenbrooks. S 620.
[89] Tonio Kröger. S. 8.
[90] Buddenbrooks. S. 620.

zu denen Hans Hansens. Diese Parallelität, so Helmut Koopmann, sei zu auffällig, um übergangen zu werden.[91]

Durch den Kontrast, den Tonio und Hanno zu Hans Hansen bzw. zu Hannos Mitschülern bilden, weist Thomas Mann deutlich auf ihre Sonderstellung in ihrem sozialen Umfeld hin.[92]

5.Tonios und Hannos Stellung in ihrem sozialen Umfeld

5.1 Tonio

Tonio Kröger unterscheidet sich nicht nur äußerlich von seinen Mitschülern (wie in Kapitel 4.2 am Beispiel von Hans Hansen erläutert), sondern er wird dem Leser von Anfang an als Außenseiter vorgestellt.[93]

Tonio erkennt die Distanz zwischen sich und seinen Mitschülern, von denen er glaubt, dass es ihnen aufgrund ihrer soliden Mittelmäßigkeit gut gehen müsse: „... sie machen keine Verse und denken nur Dinge, die man eben denkt und die man laut aussprechen kann. Wie ordentlich und einverstanden mit allem und jedermann sie sich fühlen müssen! Das muß gut sein..."[94] Die Tatsache, dass Tonio Kröger Gedichte schreibt, befremdet seine Mitschüler und Lehrer.

---

[91] Vgl. Helmut Koopmann. S. 91.
[92] Vgl. Helmut Koopmann. S. 88.
[93] Vgl. Karl Werner Böhm. S. 259.
[94] Tonio Kröger. S. 11.

Tonio ist sich seiner Stellung als Sonderling durchaus bewusst. So fragt er sich, warum er – im Gegensatz zu seinen Klassenkameraden – in Widerstreit mit allem und sowohl mit den Lehrern zerfallen als auch unter den anderen Jungen fremd sei.[95]

Sehr deutlich kommt Tonios Erfahrung des schmerzvollen Ausgeschlossenseins aus dem gewöhnlichen Leben in seiner Beziehung zu Hans Hansen zum Ausdruck.[96] Sozial ist Hans Hansen Tonio Kröger gleichgestellt[97]; ansonsten stellt er jedoch den absoluten Gegenpol zu Tonio Kröger dar: Hans Hansen ist ein guter Schüler. Er ist sehr sportlich und sowohl bei den Lehrern aus auch bei seinen Mitschülern sehr beliebt.[98] Während Tonio für *Don Charlos* schwärmt, ist sein Freund von Pferdebüchern mit Momentaufnahmen begeistert. Tonio beneidet Hans Hansen um seine „wohlanständige und respektierte Weise", sich zu beschäftigen, um seine Sportlichkeit, um seine blauen Augen, darum, dass er dem Leben zugewandt und in seinem sozialen Umfeld integriert ist – kurz: um alles, was ihn von seinem Schulkameraden unterscheidet.[99] Tonio empfindet Sehnsucht, sogar eine „neidische Sehnsucht", wenn er seinen Freund sieht. Er weiß jedoch, dass der Wunsch, so zu sein wie Hans, unerfüllbar und vielleicht gar nicht ernst gemeint ist.[100]

---

[95] Vgl. ebd.
[96] Vgl. Cecil Arthur Noble. S. 111.
[97] Vgl. Karl Werner Böhm. S. 150.
[98] Vgl. Tonio Kröger. S. 11.
[99] Vgl. ebd. S. 12.
[100] Vgl. ebd.

Hans Hansen schätzt die Zuneigung seines Freundes zwar und ist darum bemüht, ihn nicht zu verletzten; Es kann aber aufgrund ihrer gegensätzlichen Charaktere zwischen Tonio Kröger und Hans Hansen höchstens zu einer scheinbaren Annäherung kommen.[101] Als Hans´ Freund Erwin Jimmerthal zu den beiden stößt, reden Hans und Erwin über ihre Reitstunden, und Tonio ist gewissermaßen aus dem Gespräch ausgeschlossen.[102]

Bereits durch seinen Namen hebt sich Tonio Kröger von seinen Gleichaltrigen ab. Der Vorname „Tonio" ist etwas Besonderes und befremdet seine Mitschüler, die gewöhnliche Namen (Hans, Erwin) tragen. Tonio erkennt, dass er, obwohl er der Sohn einer angesehenen bürgerlichen Familie ist und bewusst „kein Zigeuner im grünen Wagen" sein will, allein und von den „Ordentlichen und Gewöhnlichen" ausgeschlossen ist.[103]

Auch bei Inge Holm, dem weiblichen Pendant zu Hans Hansen, im zweiten Kapitel stößt Tonio Kröger auf Desinteresse. Tonio ist ihr – verglichen mit Hans Hansen – noch fremder.[104] Er vermutet sogar, dass Inge ihn wegen seiner Verse verachtet und glaubt Spott in ihren Augen zu erkennen. Trotzdem empfindet Tonio wiederum eine neidische Sehnsucht und leidet unter seiner Liebe, weil er der blonden Inge ewig fremd und von ihr ausgeschlossen sein würde.[105]

---

[101] Vgl. Cecil Arthur Noble. S. 112.
[102] Vgl. Tonio Kröger. S. 14.
[103] Tonio Kröger. S. 15.
[104] Vgl. Karl Werner Böhm. S. 257.
[105] Vgl. Tonio Kröger. S. 20.

Von Magdalena Vermehren, die Tonio Kröger aufgrund ihrer Wesenart eigentlich viel mehr verwandt ist und seine Verse lesen möchte, will er nichts wissen.[106]

Auch als erwachsener Mann sehnt Tonio Kröger sich danach, unter Menschen einen Freund zu besitzen, nicht unter Literaten, die er als „Dämonen, Kobolde[] [...] und erkenntnisstumme[] Gespenster[]"[107] bezeichnet. Die Anerkennung, die er durch seinen Erfolg als Künstler erntet, deutet aber darauf hin, dass er zumindest äußerlich einen Platz in der Gesellschaft gefunden hat.

Karl Werner Boehm sieht als Ursache für Tonios Ausgeschlossenheit sein Künstlertum an.[108] Cecil Arthur Noble hingegen sieht das Verhältnis von Ursache und Wirkung entgegengesetzt: Das Anderssein als die Mitmenschen und die Ausgeschlossenheit aus dem gewöhnlichen Leben seien Quelle und Triebfeder von Tonios Künstlertum.[109]

5.2 Hanno

Auch Hanno nimmt in seinem sozialen Umfeld die Stellung eines Sonderlings ein. Bereits das Gedicht „Schäfers Sonntagslied" von Uhland, das der kleine Johann seinem Vater aufzusagen versucht, weist darauf hin, dass er sich ausgeschlossen fühlt: „'Ich bin allein auf weiter Flur' [...]."[110]

---

[106] Vgl. ebd.
[107] Ebd. S. 39.
[108] Vgl. Karl Werner Böhm. S. 150.
[109] Vgl. Cecil Arthur Noble. S. 108.
[110] Buddenbrooks. S. 485.

Hanno Buddenbrook hat keinen Kontakt unter den Gesunden und Gewöhnlichen, sonder sein einziger Freund ist der „halb asoziale Adelssproß"[111] Kai Graf Mölln. Kai wird von Wenchao Li als ein „in jeder Hinsicht [...] unbürgerliches, außerzivilatorisches, äußerlich verwahrlostes, aber geistig edles und schöpferisches Naturkind"[112] beschrieben. Hannos innige Freundschaft zu ihm ist ein Indiz für seine Sonderstellung unter den Gleichaltrigen, denn auch Kai ist wie Hanno ein Außenseiter.[113] Ihre Mitschüler betrachten Hanno und Kai als fremdartige Sonderlinge, die man sich selbst überlassen müsse.[114]

Thomas Mann macht Hannos Stellung als Sonderling deutlich, indem er ihn durch die beiden Söhne des Konsuls Hagenström kontrastiert.[115] Diese Gegenüberstellung erinnert den Leser an das gegensätzliche Paar Tonio Kröger und Hans Hansen.

Die Söhne des Konsuls Hagenström werden als Prachtkerle bezeichnet, Hanno Buddenbrook als Weichling. Jene sind übermütig und beweisen ihre Stärke in selbst veranstalteten Kämpfen, während Hanno allem aus dem Weg zu gehen versucht, wozu ein wenig „Mut, Kraft, Gewandtheit und Munterkeit"[116] erforderlich wäre. Die Söhne des Konsuls sind gute Schwimmer und sehr gute Turner; Hanno lehnt die Turnspiele – sogar gegen den Willen seines Vaters – ab und sieht sich beim Schwimmen den Angriffen der

---

[111] Hermann Kurzke. S. 73.
[112] Wenchao Li. S. 56.
[113] Vgl. Karl Werner Böhm. S. 247.
[114] Vgl. Buddenbrooks. S. 720.
[115] Vgl. Helmut Koopmann. S. 88.

Söhne Hagenström ausgesetzt. Diese sind dick und stark, Hannos Glieder hingegen sind zart und schmal wie die eines Mädchens. Die Söhne des Konsuls sind gefürchtet, beliebt und respektiert, was von dem zurückgezogen lebenden Hanno nicht behauptet werden kann.[117]

Als wäre Hannos soziale Ausnahmestellung noch nicht deutlich genug geworden, führt Thomas Mann außerdem die Söhne des Staatsanwaltes Doktor Moritz Hagenström an, welche zwar von „zarterer Konstitution und sanfteren Sitten" seien, dafür aber in schulischer Hinsicht überragend, d.h. „Musterschüler, ehrgeizig, devot, still und bienenfleißig, bebend aufmerksam und beinahe verzehrt von der Begier, stets primus zu sein und das Zeugnis Numero Eins zu erhalten"[118] seien. Hanno Buddenbrook hingegen ist ein Träumer; er ist weder auf den Unterricht vorbereitet noch aufmerksam oder ehrgeizig[119] und wird als „höchst mittelmäßiger Schüler"[120] bezeichnet.

Hanno Buddenbrook ist also der Einzelne gegenüber der Menge der Anderen. Nicht nur zu seinen Mitschülern sondern auch zu seinen lebenstüchtigen Vorfahren stellt er den Gegenpol dar.[121]

Hanno ist sich seiner Andersartigkeit bewusst. Er weiß, dass er seinen Mitschülern immer fremd sein wird und leidet darunter, ausgeschlossen zu sein. Im Gegensatz zu Tonio Kröger sehnt sich

---

[116] Buddenbrooks. S. 623.
[117] Vgl. ebd. S. 622 ff und S. 720.
[118] Vgl. ebd. S. 622 ff.
[119] Vgl. ebd. S. 717.
[120] Vgl. ebd. S. 623.

Hanno Buddenbrook aber nicht danach, so zu sein, wie seine Mitschüler. Er hat, wie gesagt, keine Freunde unter den Gewöhnlichen und Gesunden – anders als Tonio.

Die Gesellschaft versteht nicht, dass Hanno aufgrund seiner künstlerischen Begabung in Widerspruch mit ihr geraten muss, dass er von der Norm des Durchschnittsmenschen abweichen muss.[122] Hier unterscheidet er sich von dem erwachsenen Tonio Kröger, dessen Ruhm für die Anerkennung seines Daseins als Künstler sprechen kann. Hanno ist also nicht einmal in der Lage, sich in der Welt einen Platz als Künstler zu schaffen.[123]

6. Weitere Parallelen zwischen Tonio Kröger und Hanno Buddenbrook

6.1 Die Liebe zum Meer

6.1.1 Die Bedeutung des Meeres für Tonio Kröger

Eine weitere Gemeinsamkeit von Tonio und Hanno bildet ihre Sehnsucht nach dem Meer. Im *Tonio Kröger* wird schon im ersten Kapitel angedeutet, welchen hohen Stellenwert das Meer, in diesem Fall die Ostsee, für den 14-jährigen hat. Hier wird deutlich, dass Tonio die Schönheit des Meeres nicht unreflektiert auf sich wirken lässt, sondern sie für sein Schaffen als Künstler auswertet.

---

[121] Vgl. Helmut Koopmann. S. 88.
[122] Vgl. ebd. S. 92.
[123] Vgl. ebd. S. 96.

Der Springbrunnen, der alte Walnußbaum, seine Geige und in der Ferne das Meer, die Ostsee, deren sommerliche Träume er in den Ferien belauschen durfte, diese Dinge waren es, die er liebte, [...] Dinge, deren Namen mit guter Wirkung in Versen zu verwenden sind und auch wirklich in den Versen, die Tonio Kröger zuweilen verfertigte, immer wieder erklangen.[124]

Als Tonio Kröger als über 30 Jahre alter Mann eine Reise nach Dänemark unternimmt, bekommt der Leser zum zweiten Mal einen Eindruck, was das Meer für ihn bedeutet. Es ruft in ihm Erinnerungen an seine Kindheit wach, und er fühlt sich befreit von schwermütigen Gedanken, wenn er sich seinen Eindrücken und dem starken Wind überlässt.[125] Weil Tonio vor Erregung, die das Meer in ihm ausgelöst hat, nicht schlafen kann, geht er wieder an Deck. Dort macht er eine Erfahrung, nach der sich der „Wortkünstler"[126] sehnt: Der Anblick des Meeres ruft in Tonio Kröger Gefühle hervor, die er nicht reflektieren, über die er also nicht sofort ein Gedicht verfassen kann. Dies spricht für eine starke Affektion, die das Meer in ihm ausgelöst hat.

Ein Sang an das Meer, begeistert von Liebe, tönte in ihm. Du meiner Jugend wilder Freund, so sind wir einmal noch vereint... Aber dann war das Gedicht zu Ende. Es ward nicht fertig, nicht rund geformt und nicht in Gelassenheit zu etwas Ganzem geschmiedet. Sein Herz lebte...[127]

---

[124] Vgl. Tonio Kröger. S. 10.
[125] Vgl. ebd. S.54.
[126] Vgl. Cecil Arthur Noble. S. 108.

6.1.2 Die Bedeutung des Meeres für Hanno Buddenbrook – Ferien in Travemünde

Auch in dem kleinen Johann lösen die Ferien an der See ein Glücksgefühl aus, wie er es sonst nicht empfindet. Solche intensiven Gefühlsregungen äußern sich bei Hanno ansonsten nur, wenn er Klavier spielt. Bei Hannos Klavierspiel allerdings haben diese überschwänglichen Gefühle immer auch eine negative Komponente: Dann ist von einem „wehmütige[n], fast schmerzliche[n] Lächeln unaussprechlicher Beseligung", von einer „äußersten und krampfhaften Anspannung des Willens" die Rede.[128] Die vier Wochen an der See lassen Hanno Abstand vom harten (Schul-) Alltag gewinnen. Er empfindet diese Zeit als friedlich und kummerlos[129], nicht zuletzt deshalb, weil die Söhne des Konsuls Hagenström ihm nicht beim Spielen im Wasser auflauern und weil sein strenger Vater nur am Wochenende zugegen ist.[130] Es lässt sich kaum in Worte fassen, mit welch positiven und ausdrucksvollen Worten der Autor Hannos Aufenthalt in dem Kurort beschreibt. Im Besonderen folgende Textpassage Hannos Seligkeit aus:

Der Vormittag am Strande, [...] dieses zärtliche und träumerische
Spielen mit dem weichen Sande, der nicht beschmutzt, dieses mühe- und
schmerzlose Schweifen und Sich verlieren der Augen über die grüne und
blaue Unendlichkeit hin, von welcher, frei und ohne Hindernis, mit
sanftem Sausen ein starker, frisch, wild und herrlich duftender Hauch

---

[127] Vgl. Tonio Kröger. S. 57.
[128] Vgl. Buddenbrooks. S. 507.
[129] Vgl. ebd. S. 629.
[130] Vgl. Buddenbrooks - Handbuch. S. 187.

daherkam, der die Ohren umhüllte und einen angenehmen Schwindel

hervorrief, eine gedämpfte Betäubung, in der das Bewußtsein von Zeit und

Raum und allem Begrenzten still selig unterging...[131]

Mit den gleichen Worten beschreibt Thomas Mann die

Empfindungen Tonios auf seiner Schiffsreise:

> *[Tonio Kröger] lehnte den Kopf gegen den starken Salzwind, der <u>frei</u>*
>
> *<u>und ohne</u> Hindernis daherkam, die Ohren umhüllte und einen gelinden*
>
> *Schwindel, eine gedämpfte Betäubung hervorrief, in der die Erinnerung an*
>
> *alles Böse, an Qual und Irrsal, an Wollen und Mühen träge und <u>selig</u>*
>
> *unterging.*[132]

Als der vier Wochen lang gefürchtete Moment der Abreise kommt,

ist der kleine Hanno zutiefst traurig und weiß, dass ihn dieser

Badeaufenthalt entgegen seinem Zweck noch „weicher, verwöhnter,

träumerischer" und „empfindlicher"[133] gemacht hat.

6.2 Die Schule

6.2.1 Die Stellung der Schule in Tonios Leben

Über Tonio Krögers Haltung zur Schule wird nicht viel berichtet.

Der Leser erfährt jedoch, dass Tonio keineswegs einer der besten

Schüler ist. Die Lehrer halten nicht sehr viel von ihm, er ist

geistesabwesend im Unterricht und schreibt infolgedessen schlechte

Noten.[134] Die Lerninhalte des Unterrichts erachtet Tonio Kröger,

gemessen an der Beschäftigung mit seinen inneren Erkenntnissen,

---

[131] Vgl. ebd. S. 631 und 632.
[132] Tonio Kröger. S. 54.
[133] Buddenbrooks. S. 636.

als uninteressant.[135] Auch die Lehrer werden in einem Nebensatz abgewertet, dann, wenn von ihren „schlechte[n] Manieren" und ihrer „persönliche[n] Schwäche", welche Tonio „seltsam eindringlich" durchschaut, die Rede ist.[136]

6.2.2 Die Bedeutung der Schule für Hanno

In *den Buddenbrooks* beschäftigt sich der Autor wesentlich eindringlicher mit den Schulerfahrungen des kleinen Hanno. Der Tag aus Hannos Leben, welcher im zweiten Teil des elften Kapitels beschrieben wird, spielt sich zu einem großen Teil in der Schule ab. Die Schule steht für die Anforderungen des Lebens, die an ihn gestellt werden und vor denen er Angst hat.[137]

Hanno verabscheut das Wesen der Schule. Als er gefragt wird, ob er gern zur Schule gehe, antwortet er schlicht und ergreifend: „Nein". Ebenso wie Tonio ist Hanno unaufmerksam; mit seinen Gedanken folgt er nicht dem Unterricht.[138] Seine Leistungen lassen wie die Tonios zu wünschen übrig: „ 'Wenn ich noch einen Tadel bekomme', sagte der kleine Johann, 'so bleibe ich sitzen;' "[139]

Auch Hanno Buddenbrook hält nicht sehr viel von den ihn unterrichtenden Lehrkräften:

... die Hilfslehrer und Seminaristen, die ihn in diesen unteren Klassen unterrichteten, und deren gesellschaftliche Unterlegenheit, geistige

---

[134] Vgl. Tonio Kröger. S. 10.
[135] Vgl. ebd. S. 9.
[136] Vgl. ebd. S. 10.
[137] Vgl. Fred Müller. S. 43 und 44.
[138] Buddenbrooks. S. 515.

Gedrücktheit und körperliche Ungepflegtheit er empfand, flößten ihm

neben der Furcht vor Strafe eine heimliche Mißachtung ein.[140]

Die Gestalt des Lehrers wird durchweg sehr negativ dargestellt. Um nur ein Beispiel zu geben, hier die Beschreibung des Oberlehrers Doktor Goldener:

Bescheidener Leute Kind, wie er war, stand ihm solcher Prunk

eigentlich gar nicht zu Gesicht, und seine großmächtigen Füße, zum

Beispiel, nahmen sich in den spitz zulaufenden Knöpfstiefeln ziemlich

lächerlich aus. Unbegreiflicherweise war er eitel auf seine plumpen und

roten Hände, die er unaufhörlich an einander rieb [...]. Er pflegte seinen

Kopf schräg zurückgelehnt zu tragen und mit blinzelnden Augen,

gekrauster Nase und halboffenem Mund beständig ein Gesicht zu

schneiden, als sei er im Begriffe, zu sagen: 'Was ist denn nun schon wieder

los?'...

Die Beschreibung des Äußeren sowie die der Charakterzüge anderer Lehrer fällt kaum positiver aus.[141] Auch Hanno durchschaut die Schwächen seiner Lehrer. Am deutlichsten kommt dies bei dem Lehrer Modersohn zum Ausdruck. Dieser herrscht Hanno an, weil er sich nicht traut, die tatsächlichen Störenfriede in der Klasse zurechtzuweisen. Hanno durchschaut Modersohn in dem, was er tut: „Und daß ich Sie obendrein so widerlich deutlich durchschauen muß!"[142] Er empfindet Mitleid mit ihm und sieht in ihm eine

---

[139] Ebd. S. 711.
[140] Ebd. S. 515.
[141] Vgl. Buddenbrooks. z.B. S. 515 (Herr Tiedge), S. 724 ff (Doktor Mantelsack), S. 734 ff (Doktor Marotzke).
[142] Ebd. S. 738.

„armselige und verzweifelte Gestalt".[143] Die Feststellung, dass einem auf Erden selbst das Mitleid durch die Gemeinheit unmöglich gemacht werde, dass dies sich immer und überall so verhalte, kann als Fazit von Hannos Schul- und Lebenserfahrungen gewertet werden.[144]

7. Die Bedeutung des Künstlertums bzw. der Kunst für Tonio und Hanno

7.1 Tonio Kröger – etwas „Ironisch-Mittleres zwischen Bürgerlichkeit und Künstlertum"[145]

Thomas Manns „literarisches Lieblingskind"[146], die Novelle *Tonio Kröger*, beschreibt das Werden eines Vollblutkünstlers.[147] Die Beziehung Tonio Krögers zu seiner künstlerischen Begabung ist daher am Anfang eine andere als am Schluss der Novelle.

Als Vorbedingung für Tonio Krögers Künstlertum werden der Verfall der alten, bürgerlichen Familie (vgl. Kapitel 1) sowie sein Außenseitertum (vgl. Kapitel 5.1) angesehen. Tonios Liebe zu Hans Hansen und zu Ingeborg Holm, durch die er eine Verbindung zu den „Gesunden und Gewöhnlichen" herzustellen versucht, wird enttäuscht; es gelingt Tonio Kröger nicht, einer von ihnen zu sein. Aus dieser schmerzvollen Erfahrung des Ausgeschlossenseins zieht

---

[143] Ebd.
[144] Vgl. Wenchao Li. S. 42.
[145] Thomas Mann: Betrachtungen eines Unpolitischen. S. 146.
[146] Thomas Mann: On myself. S. 164.
[147] Vgl. Cecil Arthur Noble. S. 108.

er seine Konsequenzen:[148] Er läßt alles, was in ihm Gefühle ausgelöst hat, hinter sich – zum Beispiel das Meer und den alten Walnußbaum – und ergibt sich dem künstlerischen Leistungsprinzip, das wir bei Gustav Aschenbach wieder finden. [149] Mit der Erkenntnis muss Tonio Kröger auch die Einsamkeit in Kauf nehmen; für seinen Erfolg muss er leiden. Tonio Kröger gelangt zu der Überzeugung, „daß gute Werke nur unter dem Druck eines schlimmen Lebens entstehen, daß, wer lebt, nicht arbeitet und daß man gestorben sein muß, um ganz ein Schaffender zu sein"[150].

Im Lisaweta – Kapitel, das den Mittelpunkt der Künstlernovelle bildet,[151] wertet er das „warme, herzliche Gefühl" als „banal und unbrauchbar" ab.[152] Wiederum argumentiert er, dass ein echter Künstler nicht am Leben teilhaben kann, sondern „etwas Außermenschliches und Unmenschliches" sein müsse, und „daß man zum Menschlichen in einem seltsam fernen und unbeteiligten Verhältnis stehe, um imstande und überhaupt versucht zu sein, es zu spielen, damit zu spielen, es wirksam und geschmackvoll darzustellen".[153] Die Rechenschaft, die Tonio Kröger sich über sein eigenes Künstlertum ablegt, wird zur Anklage und zum

---

[148] Vgl. Inge Diersen, Untersuchungen zu Thomas Mann: Die Bedeutung der Künstlerdarstellung für die Entwicklung des Realismus in seinem erzählerischen Werk. Hrsg. von Dr. Hans Kaufmann und Dr. Hans – Günther Thalheim. 3. Auflage, Berlin: Rütten & Loening, 1960. (Im Folgenden zitiert als „Inge Diersen mit Angabe der Seitenzahl.) S.65.
[149] Vgl. Hermann Wiegmann. S. 110.
[150] Tonio Kröger. S. 27.
[151] Vgl. Inge Diersen. S. 67.
[152] Tonio Kröger. S. 31.
[153] Ebd.

Ausgangspunkt für eine Überwindung der Kunst, die sich über das Leben erhebt und vom ihm distanziert.[154]

Obwohl Tonio Kröger erkennt, dass die vom Leben getrennte Kunst keine Wirkungsmöglichkeit hat und dem Leben nur schadet, sieht er keinen Weg, die Kluft zwischen Kunst und Leben zu überbrücken.[155] Gegen Ende des Gespräches mit Lisaweta Iwanowna bekennt Tonio Kröger sich zu seiner geheimen Liebe zum Leben, von dem er sich doch als „Leistungsethiker"[156] noch distanziert hat; er gesteht seiner Freundin seine Sehnsucht nach dem Normalen, Wohlanständigen und Liebenswürdigen:

Ich liebe das Leben – dies ist ein Geständnis. [...] Man hat gesagt, [..] daß ich das Leben hasse oder fürchte oder verachte oder verabscheue. Ich habe dies gern gehört, es hat mir geschmeichelt; [...] das Normale, Wohlanständige und Liebenswürdige ist das Reich unserer Sehnsucht, ist das Leben in seiner verführerischen Banalität![157]

Cecil Arthur Noble nennt jene „Zielbewußtheit und Lebensgebundenheit", die Tonio Kröger Hanno Buddenbrook voraus hat, unentbehrliche Eigenschaften eines Künstlers.[158] Tonio Krögers Liebe zum Leben, wie es als ewiger Gegensatz dem Geiste und der Kunst gegenüber stehe,[159] ist es, was ihn am Leben hält. Neben dem „pathologischen" ist nach Noble bei Tonio Kröger also ein „höchst gesundes Element", nämlich „das Moralische, das

---

[154] Vgl. Inge Diersen. S. 66.
[155] Vgl. ebd. S. 67.
[156] Hermann Wiegmann. S. 116.
[157] Tonio Kröger. S. 38.
[158] Vgl. Cecil Arthur Noble. S. 107.

Ethische" wirksam, das unabdingbar für die Umgestaltung von Tonios schmerzvollen Erfahrungen in eine künstlerische Form ist. Ausdruck dieses gesunden Elementes sind nach Noble Tonio Krögers ständige Beschäftigung mit sich selbst und seine Zweifel über den Künstler in ihm.[160]

Lisawetas Urteil, dass er „ein Bürger auf Irrwegen", ein „verirrter Bürger" sei,[161] müßte Tonio Kröger eigentlich künstlerisch erledigen, wendet man die in der Novelle entwickelten Prinzipien auf Tonio Kröger selbst an.[162] Hermann Kurzke macht deutlich, dass, nachdem Lisaweta Tonio Kröger als Bürger definiert hat, sie ihm die Illusion genommen hat, im Wesen ein Künstler zu sein. Er müßte nun also aufhören, als solcher tätig zu sein.[163]

Thomas Mann lässt Tonio Kröger jedoch seine Existenz als Künstler: Tonio Kröger erkennt, dass aus einem Literaten nur durch seine „Bürgerliebe zum Menschlichen, Lebendigen und Gewöhnlichen"[164] ein Dichter werden kann, da alle Wärme, alle Güte, aller Humor aus ihr komme.[165]

Hermann Wiegmann erklärt, dass Tonio Kröger zu seiner existenziellen Identität das Sehnsuchtsgefühl nach den Blonden und Blauäugigen brauche, um nicht in das Dämonisch-Schöne (vgl. Nietzsche) bzw. in den Dilettantismus (vgl. Novellist Adalbart)

[159] Vgl. Tonio Kröger. S. 38.
[160] Vgl. ebd. S. 109.
[161] Tonio Kröger. S. 41.
[162] Vgl. Hermann Kurzke. S. 101 und 102.
[163] Vgl. ebd. S. 102.
[164] Tonio Kröger. S. 73.
[165] Vgl. ebd.

abzugleiten.[166] Tonio erkennt, dass er auf seine Sehnsucht nach den „Wonnen der Gewöhnlichkeit"[167] nicht verzichten muss, sondern sie geradezu braucht, weil der „leidend-schaffende Künstler" dass Leben kennen, es sogar lieben muss.[168]

7.2 Die Musik – für Hanno eine Flucht aus dem Leben

Hanno Buddenbrook ist ein sehr begabtes und überempfindliches Kind. Bereits sehr früh kommt er mit der Musik in Berührung und lernt sie als etwas äußerst Ernstes und Tiefsinniges kennen:

Er lauschte auf [seiner Mutter und Herrn Pfühls] Spiel und auf ihre Gespräche, und so geschah es, daß, nach den ersten Schritten, die er auf seinem Lebenswege getan, er der Musik als einer außerordentlich ernsten, wichtigen und tiefsinnigen Sache gewahr wurde.[169]

Hannos intensives Erleben des Uhland–Gedichtes führt Noble auf einen „außerordentlich starken und frühreifen Künstlerinstinkt" zurück. Das „Zusammenziehen des Herzens" sei ein Vorgeschmack auf die „Hamletqualen sensibler Überbewusstheit" Tonio Krögers.[170] Die Musik ist die einzige Beschäftigung, bei der sich der kleine Johann wohl fühlt.[171] Er ist der erste Buddenbrook, der sich in ihr zurechtfindet. Sein Talent wird von seiner Mutter Gerda gefördert, indem Hanno Klavierunterricht bekommt.

---

[166] Vgl. Hermann Wiegmann. S. 114.
[167] Tonio Kröger. S. 73.
[168] Vgl. Hermann Wiegmann. S. 114.
[169] Buddenbrooks. S. 500.
[170] Vgl. Cecil Arthur Noble. S. 91.
[171] Vgl. Buddenbrooks – Handbuch. S. 186.

Im Falle Hannos hängt die Musik eng mit dem Thema des Verfalls zusammen. Dies wird dadurch angedeutet, dass Hanno ein großer Wagner–Anhänger ist, und hier vor allem von der „Musteroper der europäischen Dekandenz" *Tristan und Isolde* angetan ist. Dieses Werk ist es, welches er bei seiner ersten eigenen Komposition nachahmt.[172]

Hermann Kurzke bezeichnet Hannos Liebe zur Musik als „Rausch, Orgie, Untergangslust, Erotik und Laster"[173]. Diese Behauptung wird verdeutlicht durch die Beschreibung von Hannos Klavierspiel.

Es lag [...] etwas Lasterhaftes in der Maßlosigkeit und Unersättlichkeit, mit der [diese kurze, kindische, harmonische Erfindung] genossen und ausgebeutet wurde, und etwas cynisch Verzweifeltes, etwas wie Wille zu Wonne und Untergang in der Gier, mit der die letzte Süßigkeit aus ihr gesogen wurde, bis zur Erschöpfung, bis zum Ekel und Überdruß, bis endlich, endlich in Ermattung nach allen Ausschweifungen ein langes, leises Arpeggio in moll hinrieselte, um einen Ton emporstieg, sich in dur auflöste und mit einem wehmütigen Zögern erstarb.[174]

Hanno Buddenbrook leidet wie Tonio Kröger an seiner Fähigkeit, die ihn umgebenden Menschen zu durchschauen[175] und sieht infolgedessen nur noch „Gemeinheit und Widerlichkeit auf dem Grunde der Dinge".[176] Wie Tonio leidet er also aufgrund seiner Erkenntnis: er verspürt „Erkenntnisekel". Hermann Kurzke

---

[172] Vgl. ebd. S. 188.
[173] Hermann Kurzke. S. 77.
[174] Buddenbrooks. S. 750.
[175] Vgl. z. B. Kapitel 6.2.2.
[176] Hermann Kurzke. S. 74.

erläutert, dass die einzige Existenzmöglichkeit, in der das Durchschauen erlaubt sei, die des Künstlers sei. Zum echten Künstler bringt es der sensible Hanno nicht; Kurzke deutet jedoch Thomas Manns spätere Werke an, in denen die Daseinsform des Künstlers oft als Ausweg gezeigt würde.[177]

Hannos künstlerische Begabung erweist sich in der ihn umgebenden bürgerlichen Welt, nicht als nützlich, nicht als sozial wertvoll;[178] deshalb und weil er konstitutionell gar nicht in der Lage wäre, das Dasein eines Künstlers zu fristen, muss die Musik für ihn ein Trost, die einzige Möglichkeit zur Flucht aus dem harten Alltag bleiben. Im Gegensatz zu Tonio Kröger, erfährt Hanno also von der Gesellschaft keine soziale Anerkennung für seine künstlerischen Fähigkeiten, so dass er aus seiner Begabung kein Selbstbewusstsein schöpfen kann.[179]

Hanno weiß selbst, dass er – trotz seiner Begabung – nicht in der Lage ist, ein Dasein als Künstler zu fristen:

Was ist mit meiner Musik, Kai? Es ist nichts damit. Soll ich umherreisen und spielen? Erstens würden sie es mir nicht erlauben, und zweitens werde ich nie genug dazu können. Ich kann beinahe nichts, ich kann nur ein bisschen phantasieren, wenn ich allein bin. Und dann stelle ich mir das Umherreisen auch so schrecklich vor...[180]

Noble macht deutlich, welche Eigenschaften und Wesensmerkmale Hanno Buddenbrook im Vergleich zu Tonio Kröger missen lässt:

---

177 Vgl. ebd.
178 Vgl. Michael Zeller. S. 149.
179 Vgl. Michael Zeller. S. 149.

Hanno fehlt – im Gegensatz zu Tonio Kröger – das, was Thomas Mann als „einen der Grundinstinkte des Künstlers" bezeichnete, nämlich „Lebensfreundlichkeit, Lebensgutwilligkeit".[181] Statt Tonio Krögers Sehnsucht nach den Wonnen der Gewöhnlichkeit finden wir bei Hanno einzig die Sehnsucht nach dem Tode. Er selbst gesteht diese Todessehnsucht seinem Freund Kai in aller Deutlichkeit: „Ich möchte schlafen und nichts mehr wissen. Ich möchte sterben, Kai!"[182] Hanno zeigt also keine Liebe zum Leben, möchte sich nicht an das Leben binden und fühlt sich infolgedessen „allein auf weiter Flur", wie es im Eichendorff – Gedicht heißt. Es mangelt ihm an jeglicher Vitalität, und er unterlässt jeden Versuch, seine Schwäche zu überwinden. Insgesamt betrachtet bedeutet dies also, dass Hanno nicht etwa zwischen zwei Gegenpolen schwankt, sondern ihm fehlt jegliches Gegengewicht zur eigenen Dekadenz. Bei ihm seien nach Noble keine Gegensätze vorhanden, die fruchtbar werden könnten.[183] Während der 14 – jährige Tonio von sich sagt, dass er „die Möglichkeiten zu tausend Daseinsformen"[184] in sich trage, offenbart Hanno seinem Freund Kai, dass aus ihm nichts werden könne.[185] Während Tonio Kröger dem pathologischen

[180] Buddenbrooks. S. 743.
[181] Vgl. Cecil Arthur Noble. S. 95. (Der Autor zitiert hier aus Thomas Mann: Die Forderungen des Tages. Berlin, 1930. S. 174.)
[182] Buddenbrooks. S. 743.
[183] Vgl. Cecil Arthur Noble. S. 95.
[184] Tonio Kröger. S. 24.
[185] Vgl. Buddenbrooks. S. 743.

ein höchst gesundes Element entgegensetzt, fehlen diese „nichtpathologischen Elemente" bei Hanno Buddenbrook völlig.[186]

---

[186] Vgl. Cecil Arthur Noble. S. 96.

Fazit

In den vorangegangenen Ausführungen über Tonio Kröger und Hanno Buddenbrook wurde mittels verschiedener Aspekte deutlich gemacht, dass die beiden frühen Helden Thomas Manns, Tonio und Hanno, auffallend viele Gemeinsamkeiten aufweisen. Die Ausgangsbedingungen Tonios und Hannos, wie sie sich in ihrer Kindheit ergeben, bzw. einfach durch ihre Herkunft vorbestimmt sind, ähneln sich in sehr auffälliger Weise.

Im *Tonio Kröger* wird der Verfall als Vorbedingung für das Künstlertum angesehen; deshalb wird er in nur einem Satz thematisiert. In *den Buddenbrooks* hingegen beschäftigt sich der Autor mit diesem Motiv, dass mit geistiger Verfeinerung und also der Entwicklung des Künstlertums einhergeht, nahezu 1000 Seiten. Auch hier ist also der Verfall untrennbar mit der Entwicklung des hoch sensiblen, künstlerisch begabten Hanno verbunden. Dies macht, meiner Meinung nach, besonders deutlich, dass die Novelle *Tonio Kröger* gewissermaßen die Fortsetzung der Verfallsgeschichte der Buddenbrooks ist.

Auch die gegensätzlichen Elternteile – die Mutter, die so gar nicht in die Welt der Bürgerlichkeit hineinpasst, und der Vater, der deutliche Anzeichen geistiger Verfeinerung aufweist – bilden eine vergleichbare Ausgangssituation für die beiden Charaktere.

In Bezug auf die äußeren Ähnlichkeiten zwischen Tonio und Hanno – im Vergleich miteinander und in Abgrenzung zu Hans Hansen bzw. Hannos Mitschülern – spricht Helmut Koopmann sogar von

„identischen Figuren"[187], soweit es ihre unterschiedliche erzählerische Position erlaube.

Weitere Parallelen – ihre Liebe zum Meer und ihre Haltung gegenüber der Schule – wie sie im sechsten Kapitel erörtert wurden, machen deutlich, dass man, wenn nicht von identischen Figuren, doch zumindest von ausgesprochen nahe verwandten Charakteren, sprechen kann.

Nicht nur äußerlich heben Tonio und Hanno sich von den „gewöhnlichen" Kindern in ihrem Umfeld ab. Sie haben zu ihnen kaum bzw. überhaupt keinen Kontakt. Dies stellt wiederum eine auffallende Gemeinsamkeit dar. Allerdings tritt hier auch ein wichtiger Unterschied auf: Während Hanno tatsächlich keine Freunde unter den „Gewöhnlichen, Wohlanständigen" hat und diese aufgrund ihrer Gewöhnlichkeit verachtet, sehnt sich Tonio nach den unbekümmerten, lebensfrohen Menschen, die so anders sind als er selbst. Als 14-jähriger Junge hat er sogar einen Freund unter den „Blonden und Blauäugigen": Hans Hansen; als erwachsener Mann jedoch besteht die Verbindung zu diesen „normalen" Menschen nur noch aufgrund seiner Sehnsucht zu ihnen.

Nun zum wichtigsten Unterschied zwischen Tonio Kröger und Hanno Buddenbrook: Hanno stirbt, und Tonio überlebt. Hannos Lebensunfähigkeit, seine Abscheu und Angst vor dem Leben, seine

---

[187] Helmut Koopmann. S. 92.

körperliche Schwäche, seine Vertrautheit mit dem Tod und seine Todessehnsucht, dies alles ist es, wovon Thomas Mann seinen Helden Tonio Kröger befreit hat. Natürlich ist auch Tonio Kröger angewidert von der Erkenntnis, vom Durchschauen („Erkenntnisekel"); auch er ist sehr melancholisch und versinkt nicht ungern in Selbstmitleid. Thomas Mann hat ihn jedoch wie erläutert mit Eigenschaften ausgestattet, die für einen Künstler unerlässlich sind: Zielbewusstheit und Lebensgebundenheit. Aus der Verachtung des Lebens, wie wir sie bei Hanno finden, wird bei Tonio Kröger die Liebe zum Leben. Folglich muss Tonio Kröger als ein wieder ins Leben gerufener Hanno Buddenbrook verstanden werden, dem es gelingt, sich durch sein künstlerisches Schaffen zu befreien und zu heilen.